Eta Mwen An FLORID

Ekri pa Christina Earley
Tradui pa Jean-Pierre Gaston

TAB DE KONTNI

Yon Liv Crabtree Plantules

Crabtree Publishing
crabtreebooks.com

Sipò Lekòl A Kay Pou Moun Kap Bay Swen Ak Pwofesè Yo

Liv sa ede timoun yo grandi lespri yo nan kite yo pratike lekti. Men kèk kesyon kap ede lektè yo bati konpreyansyon konpetans yo. Repons posib yo parèt an wouj.

Anvan Lekti:

- Kisa mwen konnen sou Florid?
    - *Mwen konnen Florid se yon eta.*
    - *Mwen konnen Florid gen plaj.*
- Kisa mwen vle aprann sou Florid?
    - *Mwen vle aprann ki moun ki pi popilè yo ki te fèt nan Florid.*
    - *Mwen vle aprann ki jan drapo eta a sanble.*

Pandan Lekti:

- Kisa mwen te aprann jiskaprezan?
    - *Mwen te aprann ke Tallahassee se kapital eta Florid la.*
    - *Mwen aprann ke gen Kayiman nan Everglades Pak Nasyonal.*
- Mwen mande poukisa...
    - *Mwen mande poukisa flè eta se flè zoranj la.*
    - *Mwen mande poukisa yo rele zile yo kle.*

Aprè Lekti:

- Kisa mwen te aprann sou Florid?
    - *Mwen te aprann ke Kennedy Space Center gen veso espasyèl ki vole nan lespas.*
    - *Mwen aprann bèt leta se pantè Florid la.*
- Li liv la ankò epi chèche mo glosé yo.
    - *Mwen wè mo* ***kapital*** *la nan paj 6, ak mo* ***blossom*** *nan paj 9. Lòt mo vokabilè glosè yow wap jwenn nan paj 22 ak 23.*

FLORID
Alo! Non mwen se Gabriela. Byenveni nan Florid!

Mwen rete Miami.

Bilding **Art Deko** yo bèl.

Vil mwen an se **pò** ki pi okipe pou bato kwazyè yo nan tout mond lan!

Florid se nan sidès Etazini an. **Kapital** la se Tallahassee.

Ti Parol Enteresan yo: Jacksonville se pi gwo vil nan Florid la.

Bèt leta se pantèr Florid la.

Flè zoranj **blossom** la se eta flè a.

Nou plante anpil pye zoranj. Gen kèk nan yo ki itilize pou fè ji zoranj.

Ti Parol Enteresan yo: Plis ke 70% fwi Citrus nan U.S. la fleri nan Florid.

Drapo eta mwen an gen yon X wouj. **So** leta se nan mita an.

Gen 11 ekip espò nasyonal nan Florid la.

Mwen renmen vizite
Everglades Pak Nasyonal la.
Pafwa nou wè Kayiman yo.

Ti Parol Enteresan yo: Plis ke 50 kalite reptil ap viv nan Everglades la.

Mwen ka wè wokèt yo kap vole al nan espas nan Kennedy Space Center a.

Mwen pran plezi ak fanmi mwen nan Disney World.

Atis rap Pitbull te fèt nan Florid la. NFL **quarterbak** Lamar Jackson Jr. te fèt nan Florid la tou.

Ti Parol Enteresan yo: Janet Reno, premye fanm ki sèvi kòm pwokirè jeneral ameriken an, te fèt nan Miami, Florid.

Plaj mwen pi renmen yo nan Panhandle Florid la.

Mwen renmen fè lapèch nan zile Florida Keys yo.

Glosè

Art Deco: Yon stil de konsepsyon ki itilize fòm senp ak fonse deskripsyon yo

blossom: Yon flè ki soti nan yon plant, espesyalman yon plant ki soti nan pye bwa fwi

kapital: Vil kote yon gouvènman peyi, Eta, oswa pwovens sitiye

pò: Yon vil, oswa yon lòt kote bato kanpe pou chaje ak dechaje

quarterbak: Yon pozisyon nan yon ekip foutbòl

so: Yon konsepsyon espesyal ki itilize sou papye enpòtan ak lòt bagay

Endèks

Kiyes Otè A Ye

Li renmen vwayaje Etazini pou li aprann sou diferan kote istorik yo. Pase tan plezi li enkli randone, yoga, ak boulanjri.

Ekri pa: Christina Earley
Ilistrasyon ak mizanpaj pa: Bobbie Houser
Devlopman Seri: James Earley
Korektè: Janine Deschenes
Konsiltan Edikasyon: Marie Lemke M.Ed.
Tradui pa: Jean-Pierre Gaston
Manadjè pwodiksyon: Candice Campbell

Photographs:
Alamy: State Archives of Florida/Florida Memory: p. 19
Newscom: Álvaro Blanco/EFE: p. 17
Shutterstock: Stockdonkey: cover; Simon Dannhauer: p. 3; lazyllama: p. 4 22; pisaphotography: p. 5, 23; Volina: p. 6, 22; ESB Professional: p. 7; jo Crebbin: p. 8; Iness_la_luz: p. 9, 22; Nitr: p. 10; Jason Patrick Ross: p. 1 railway fx: p. 12, 23; April Visuals: p. 13; Irina Wilhauk: p. 14-15; Sorbis: p 15; Songquan Deng: p. 16; Jaguar PS: p. 18 left; Steve Jacobson: p. 18 right, 23; The Sturdy Table: p. 20; Chuck Wagner: p. 21

Crabtree Publishing

crabtreebooks.com 800-387-7650

Printed in the U.S.A./CP072026

Published in Canada
Crabtree Publishing
616 Welland Avenue
St. Catharines, Ontario
L2M 5V6

Published in the United States
Crabtree Publishing
347 Fifth Avenue
Suite 1402-145
New York, New York, 10016

Library and Archives Canada Cataloguing in Publication
Available at Library and Archives Canada

Library of Congress Cataloging-in-Publication Data
Available at the Library of Congress

Hardcover: 978-1-0398-6488-7
Paperback: 978-1-0398-6557-0
Ebook (pdf): 978-1-0398-6626-3
Epub: 978-1-0398-6695-9
Audio: 978-1-0398-6758-1
Read-Along: 978-1-0398-6821-2